Arcana
and other poems

Also by Verónica Volkow

Poetry:
La Sibila de Cumas
Litoral de tinta
El inicio
Los caminos
Arcanos
Oro del viento
Litoral de tinta y otros poemas

Prose
Graciela Iturbide: Los disfraces
Sudáfrica: diario de un viaje
La mordedura de la risa
La noche viuda

Arcana
and other poems

VERÓNICA VOLKOW

Translated by
Luis Ingelmo and Michael Smith

Shearsman Books
Exeter

Published in the United Kingdom in 2009 by
Shearsman Books Ltd
58 Velwell Road
Exeter EX4 4LD

www.shearsman.com

ISBN 978-1-84861-056-9
First Edition

Original poems
copyright © Verónica Volkow, 1996, 2003, 2007, 2009.
Translations copyright © Luis Ingelmo and Michael Smith, 2009.

The right of Verónica Volkow to be identified as the author of this work, and of Luis Ingelmo and Michael Smith to be identified as the translators thereof has been asserted by them in accordance with the Copyrights, Designs and Patents Act of 1988.
All rights reserved.

Acknowledgements
The poems presented here were originally published in Spanish
in the following volumes:
Arcanos (Mexico City: Conaculta, 1996);
Oro del viento (Mexico City: Ediciones Era, 2003);
Litoral de tinta y otros poemas (Seville: Ediciones Rinacimiento, 2007).
The translations were commissioned for this volume and appear
here for the first time.

Contents

Introduction   7

Arcana

  1   The Magician   13
  2   The High Priestess   15
  3   The Empress   17
  4   The Emperor   21
  5   The Hierophant   23
  6   The Lovers   25
  7   The Chariot   27
  8   Justice   29
  9   The Hermit   31
10   The Wheel of Fortune   33
11   Force   35
12   The Hanged Man   37
13   Death   39
14   Temperance   41
15   Passion   43
16   The Tower of Destruction   45
17   The Star   47
18   The Moon   49
19   The Sun   51
20   Judgement   53
21   The World   55
  0   The Fool   57

Other Poems

Request   61
Freedom   63
Labyrinth   65
Depth   67
Garden   69
Doors   71

Other Times	73
Farewell	77
Announcement	79
The Stars	81
The Angels	83
Ehécatl	87
River	101
Popocatépetl	103
Leighton Studio	105
Blue Poems	117

Verónica Volkow's Poetry: A Few Pointers

Let it be said at the beginning that the poetry of Verónica Volkow is difficult, especially for the Anglophone reader unfamiliar with the essentially spiritual nature of Mexican poetry. Her poetry is an exploration of the possibilities of the transcendental nature of human experience, which runs counter to the quotidian proclivity of contemporary poetry in English. Nor is it Francophile in any adherence to cliquish modism. Octavio Paz's influence is undoubtedly evident both in the content and techniques of Volkow's work, but Volkow's poetry nonetheless possesses its own distinctive voice. It has a deeply personal meaning that comes out of her own life, of suffering, joy and discovery. As she herself has written: "The uttermost reality is totally spiritual, and we need to learn more and more how to see it with our inner eye." Dante and St John of the Cross come to mind regarding these particulars, when they claimed that poetry is an uttering of love—and the soul.

Although there is no apparent trace of Borges' influence in her work, she frequently refers to mirrors and dreams, perhaps denoting the void that Volkow relates to Octavio Paz. As she said in an interview some time ago, quoting Paz, "we are all dancing above the void." But there is nothing nihilistic about her work. Quite the contrary: love and life, she believes, command our commitment to the mysterious world we live in. She has translated the poetry of Elizabeth Bishop and has acknowledged the influence of the American poet. It is likely that what she sensed in Bishop's poetry was the ambiguous nature of reality, the sense of other possibilities that her descriptions offer, not allegorically but suggestively, inviting the reader to look at the expanding circles of meaning that the cast stone spreads on the water.

Volkow acknowledges the difference between Mexican poetry and poetry in English. That difference has to do with the Spanish Baroque (Juana Inés of the Cross would be a sensible referent, herself feeding from Calderón de la Barca's poetics), its displacement of the personal as the centre of things.

And despite this, she still is drawn to the sensitive personality, which she finds, especially in American women poets. She loves the eroticism of their work, perhaps as a contrary to her own Mexican tradition. She may like the poetry of, say, Sylvia Plath, but she knows that it is not the poetry she herself would or could write. Has colonialism something to do with this? The great Peruvian poet, César Vallejo, confronted the colonial problem by subverting the Spanish language, especially in *Trilce*, almost as an act of rebellion against the old colonial masters. Volkow has her own techniques, to which she gives content and expression without resorting to a biography of the quotidian or the anecdotal. Indeed, a person's joy or suffering is of secondary importance when seeking the unity of everything, of being. Like Vallejo's, Volkow's is a poetry of searching, and the old masters—be they local or foreign—cannot turn one's own poetry into a sole repetition of their findings: models are nothing but a springboard of sorts in order to better learn about one's soul and regional idiom and spirit.

To enter the world of Verónica Volkow is to enter a magical world, exotic but never precious. It is mysterious in its ellipses and strange combinations of metaphors, doubtless due to the influence that surrealism has had on her work. But it is a poetry that is nonetheless anchored in reality, however transmuted that reality may be by the preoccupations that Volkow brings to her observations. Octavio Paz claimed of Juana Inés of the Cross something that could be easily applied to Volkow's work: "The Mexican poet sets out to discover a reality that, by definition, is unseen. Her subject matter is the experience of a world that lies beyond the senses."

Translating Verónica Volkow's poetry has been a challenging but deeply rewarding experience, mostly due to the hermetic quality of many of the poems. As a prolific and fine translator herself, Volkow appreciates the difficulty of the task while at the same time stating that she loves translating and she has even gone so far as to state that, "The best reading you can get is through translating . . . it's the closest you can get to another writer." The present translators have indeed been fortunate in having the author's generous assistance when help was sought; and we have also been lucky in being able to draw constantly on Tony Frazer of Shearsman Books for his enthusiasm and his expert advice. Needless to say, of course, it is the translators themselves who must take responsibility for what finally emerges.

Luis Ingelmo
Ávila, 2009

Michael Smith
Dublin, 2009

Arcanos
y
otros poemas

Arcana
and
Other Poems

ARCANO 1
EL MAGO

¿Quién escuchó la voz del viento,
la palabra que dice,
su grito interminable en la montaña,
y descifró el lenguaje de los ruidos,
el galopar de letras del follaje,
y las «eles» del agua?
¿Quién atrapó con un nombre el fondo de la noche,
la rasgadura del rayo?
Poderes precisos de lo etéreo,
y un saber que rescata en manos de aire.
Lo eterno es hueco, es forma, es alma
—esa imposible sed de la memoria.
Sin cuerpo y sin las cosas,
sólo viento y sueños, las palabras,
viento tejido por los sueños,
almas al aire que el silencio olvida,
estatuas de la ausencia insomnes,
despertar de la nada hacia la nada.
Hay sombras en los sueños
          que no son de las cosas,
sino cuerpos quizá de las palabras,
ánimas de los nombres,
resurrección de la llamada.
Para poder morir son las palabras:
salvación profunda de lo ido,
tiempo enamorado que habla.

ARCANUM 1
THE MAGICIAN

Who listened to the voice of the wind,
the word that speaks,
its unceasing shout in the mountain,
and deciphered the language of noises,
the galloping of the letters of foliage,
the liquid 'l's' of water?
Who captured with a name the night's depth
and the tearing flash of lightning?
Precise power of the ethereal,
and a knowledge that rescues in aerial hands.
The eternal is a gap, a form, a soul
—that impossible thirst of memory.
Bodiless and without substance,
nothing but wind and dreams, words,
wind woven by dreams,
souls in the air which silence forgets,
insomniac statues of absence,
waking from nothingness to nothingness.
In dreams there are shadows
        which are not of things,
but maybe the body of words,
the soul of names,
the resurrection of calls.
Words are to help us die:
profound salvation of what's gone,
time speaking in love.

ARCANO 2
LA SACERDOTISA

No se mira la noche,
se sueña
y los sueños
como la luna son reflejos,
flotan aquí y están en otra parte.

Ancla la transparencia en el espacio,
mas vuela el velo
fuera del tiempo como ensueño;
el velo deshaciéndose devela
y disuelve a la noche en un suspenso.
Luz ya casi más niebla
y que es un sueño
                náufrago de misterio.

Vela que zarpa hacia lo tenue
y luz que se adelgaza
quizás hasta perderse,
disipación sutil
que el aire excava:
desaparecido interior
que es un afuera.
Hundido desconcierto en lo intangible.

La eternidad está durmiendo
bajo el tiempo,
y los astros en su lejanía inmersos
permanecen idénticos.

ARCANUM 2
THE HIGH PRIESTESS

Night is not observed,
it is dreamt
and dreams
like the moon are reflections—
they float here and are elsewhere.

Transparence anchors in space
but the veil flies
outside time as if day-dreaming;
unravelling, the veil reveals
and dissolves night into suspense.
Light is almost mist now
and a dream
        a castaway into mystery.

A sail weighing anchor toward the tenuous
and light that grows faint
maybe to the point of disappearing,
subtle dissipation
digging the air:
a vanished interior
which is an exterior.
Sunk startling into the intangible.

Eternity is sleeping
under time,
and stars, immersed in their distance,
remain identical.

ARCANO 3
LA EMPERATRIZ

    Piel   profunda región de la añoranza.
La delicadeza tan sólo
despierta lo recóndito.
Hermética la suavidad invoca,
    búsqueda interna   como un vientre.
Lo hondo sin fin: lo femenino
             lo entraña y humo,
sutileza que hiende.
Aromas por desfiladeros
y precipicios como oídos
en donde no sabemos quién escucha
y discierne un sentido en lo secreto.
Con el azar fabrica una escritura.

Noche abismal, la piel,
donde brillan los cuerpos con su luz infinita,
grandes dioses de carne,
y el deseo que nos postra.
Sed de vértigo y espejo,
cielo clavado, sed de lo más hondo,
del firmamento, sus destellos
y espacio sin fronteras.
¡Ser, ay, que nos estalla: luminosos y ciegos!

Brilla incrustado un mundo
—el ojo— a orillas de la carne.
Pero la piel sueña, ni ve, ni escucha,
en la caricia vuela,
ya es mar a la llamada,
toque sobre un abismo que concurre al espejo.
La noche abierta encuentra las estrellas
y la savia da frutos buscando la semilla.

ARCANUM 3
THE EMPRESS

Skin   profound region of longing.
Only delicacy
wakens the recondite.
Softness, hermetic, invokes,
an inner search   like a womb.
Endless depth: the feminine,
        the innards and smoke,
subtlety that cleaves.
Scents through defiles
and precipices like ears
where we don't know who listens
and discerns a sense in what's secret.
It creates a writing from chance.

Abysmal night, skin,
where bodies shine with their infinite light,
great gods of flesh,
and a desire that prostrates us.
Thirst for frenzy and a mirror,
sky stuck inside, thirst for what is deepest,
for the firmament, its flashes
and space without boundaries.
A being that explodes us, luminous and blind!

An incrusted world—the eye—
shines on the banks of the flesh.
But the skin dreams, doesn't see, or hear,
flies in caress;
summoned, it's now a sea,
a peal over the abyss that meets in the mirror.
Open night encounters the stars,
and the sap yields fruits seeking its own seed.

ARCANO 4
EL EMPERADOR

Entallaron la piedra
hasta que recordara:
ejércitos como ecos que estampan las colinas,
lanzas y saetas ciertas con la muerte erizadas
y volutas veloces que deslizan el río;
las plantas y las bestias, tributos derramados,
y hundidos en un número, idénticos esclavos.
Extrajeron el mundo de la roca,
le pusieron cuatro esquinas al tiempo
y guardaron en muros
lo interior del espacio.
Crear un hueco, un patio,
la nada de lo abstracto,
la moneda en la mano,
la rueda que al vaciarse avanza,
el dibujo del que un ser deserta;
o tomar entre manos exactas lo perdido,
cantera y cántaro la estatua,
agua imposible y piedra.
Formas con el poder de su vacío,
su ceñido abismo, su llamado,
como vasos traídos del reino de los muertos.
La espada creó la forma del imperio;
el cincel, los muertos, las estatuas que habitamos.
Somos el despertar de su escritura,
su mundo interno, su añoranza humeante.
La materia es un hueco en que soñamos.

ARCANUM 4
THE EMPEROR

They carved the stone
until it remembered:
armies like echoes printing the hills,
lances and arrows pointed with death
and swift spirals that slide down the river.
Plants and beasts, lavished tributes,
and identical slaves sunk in a number.
They extracted the world from rock,
they boxed time in
and within walls they guarded
the interior of space.
To create a hole, a courtyard,
the nothingness of the abstract,
the coin in one's hand,
the wheel that emptying moves on,
the drawing from which a being deserts;
or to take what is lost between exact hands,
the statue a quarry and a jug,
impossible water and stone.
Forms with the power of their own emptiness,
their tight abyss, their call,
like glasses brought from the kingdom of the dead.
The sword shaped the empire;
the chisel, the dead, the statues we inhabit.
We are the waking of their writing,
their inner world, their smouldering longing.
Matter is a hole in which we dream.

ARCANO 5
EL HIEROFANTE

La cúpula amarrada por un centro,
las bóvedas ceñidas son estrellas,
y una mano invisible une un dibujo.
Geometría entrañada hay en las cosas
y constelación subterránea.

Aquí piedras respiran la música del templo,
metales y maderas cantan
un mundo que se inhala,
voz que es esencias
y fuego de sentido
despierto en cada piedra.

La memoria en vuelo va por dentro,
el viento sopla interno y es recuerdo,
silbo de entraña que lo escucha,
un tiempo casi puro
y desterrado en sueños
y un decir cosas transparentes
que son alma y son nada.

Inmensidades guarda
en su interior el templo,
en los muros las conchas
con sus manos agarran los sonidos;
orbes de noche y sol: follajes.
Agujero del cielo
en el claustro: la fuente.

ARCANUM 5
THE HIEROPHANT

The cupola tied to a centre,
the embraced vaults are stars,
and an invisible hand links a drawing.
There is an inner geometry in things
and a subterranean constellation.

Here stones breathe the music of the temple,
brass and wood sing
a world inhaled,
a voice of essences
and a fire of sense
awake in every stone.

Memory in flight is deep down,
the wind blows internally and is recollection,
a whistle from the innards that listens to it,
a time almost pure
and exiled in dreams
and a saying of transparent things
that are soul and are nothing.

The temple guards
immensities inside,
in its walls shells
with their hands grab sounds—
spheres of night and sun: foliage.
A heavenly gap
in its cloister: the fountain.

ARCANO 6
LOS AMANTES

Tus ojos son noches
en que vive un día,
tus ojos son piedras
        que sueñan
y en el sueño un mundo
        que no está.

Todo el cuerpo en la caricia cabe.
Piel: garganta efímera
y presa imprecisa,
sólo aroma el cuerpo que deseamos
        y respiración,
respiración ávida en la entraña.

En la piel la inmensidad es lo que canta
        tenue voz muy honda,
embriaguez que es música y abismo.

Al amor lo escribe el infinito.
¿Qué no está
y en inagotable espejo
nos habita?

ARCANUM 6
THE LOVERS

Your eyes are nights
in which a day lives,
your eyes are stones
        that dream
and in dream a world
        that's not present.

The whole body fits a caress.
Skin: ephemeral throat
and vague prey,
the body we desire only a fragrance
        and breathing,
eager breathing in the heart's core.

In the skin immensity is what sings
        a very deep tenuous voice,
rapture that is music and abyss.

Love is written by the infinite.
What is not present
and inhabits us
in an inexhaustible mirror?

ARCANO 7
EL CARRO

Carro solitario avanza
el tiempo en los espejos;
un cielo hipnotizado sobre el muro
conduce lentamente.
Ojos que fueron rienda, rostro que un fin empeña.
La tarde a pique,
en sol todo se quema.
Clepsidras invisibles desmoronan las cosas.

El tiempo es el río de los espejos,
la levedad otorga del olvido,
y cosas que no son entre las manos.
Somos por dentro voz y tiempo,
o mundos deshojados que giran como un cielo:
espejo humeante,
central ficción,
interno soplo de la nada.

Silenciosos gramófonos del día,
las noches allí giran y renacen los soles;
poleas desasidas, los espejos,
ruedas envueltas de caminos,
ciñen el tiempo, nos acercan destinos.
Cáliz para el mundo hay en la imagen
y vacío del tiempo en la materia,
espíritu mordaz errante.
¿Inspiración del verbo etérea?

ARCANUM 7
THE CHARIOT

Time, a solitary chariot,
moves forward in mirrors,
a sky hypnotised above the wall
slowly leads on.
Eyes that were a rein and a face that compels an end.
The evening sinks down,
everything aflame in the sun.
Invisible water-clocks crumble things.

Time is the river of mirrors,
it grants the lightness of oblivion,
and things that are naught between one's hands.
Inside we are voice and time,
or leafless worlds that spin like a sky:
smouldering mirror,
central fiction,
internal breath of nothingness.

Daylight's silent gramophones,
there nights spin and suns are reborn,
released pulleys, mirrors,
wheels enveloped in roads,
girting time, bringing fates nearer to us.
There is a chalice for the world in images
and emptiness of time in substance,
a scathing wandering spirit.
Ethereal inspiration of the word?

ARCANO 8
LA JUSTICIA

Una ola en la mano es la balanza.
Todo acto es fiel,
un borde empuja,
quieto, el otro es forma.
Hay un brazo diestro
aferrado al mundo en la certeza
que ancla en lo preciso,
y otro que es zurdo y muy ligero se eleva
como un pájaro o un sueño.
Una mitad mía es de carne,
la otra es sombra,
noche vaga y navegante,
resto herido,
ola en tierra,
ala en suelo.

Ángel bajo los pies, sombra que vuela
entre las cosas
y no se eleva o se va.
Espejo caído,
leve estanque, muerte mía;
reencuentro de pronto allí,
que no pienso,
donde la arena habito o la piedra.
Olvido en que al mundo
más pertenecemos.
Arca la sombra que aguarda,
que nos guarda.

ARCANUM 8
JUSTICE

A wave in the hand is the balance.
Every act is faithful,
one side pushes,
calm, the other gives shape.
There is a right arm
gripped to the world in certitude,
that anchors in the precise,
and another that's left-handed and very lightly rises
like a bird or a dream.
One half of mine is of flesh,
the other is shadow,
vague and navigating night,
wounded wreckage,
wave on land,
wing on soil.

An angel underfoot, shadow that flies
among things
and does not rise or go away.
Fallen mirror,
dwindling pond, my death;
a sudden gathering there,
never touched by thought,
where I inhabit the sand or the stone.
Oblivion in which we belong more
to the world.
A coffer the shadow that awaits,
that guards us.

ARCANO 9
EL ERMITAÑO

En mi mano el centro
lejano como una estrella
donde se halla el alba de la piedra
y los muros rompen en caminos.
Algún punto, ahí esconde el origen,
y es fuente y es astro y es cimiento,
ya tierra,
ya enterrado.

El fuego abre las páginas de un libro,
de áureas láminas ancianas,
amanecer instantáneo en la lectura,
que también ahora nos aclara.
Rosa de mil hojas, la mirada,
flamas, momentáneos horizontes.

Prendo el cielo con un poco de agua
que no sé si brota como llama
o si rasga
—abertura de horizontes,
girón de lo inmenso en lo cercano.
Con la luz entran los astros
y el espacio,
lo lejano irrumpe en mi ventana.

ARCANUM 9
THE HERMIT

In my hand the centre,
distant as a star
where the dawn of stone is found
and the walls break into roads.
At some point, the origin is hidden there,
and it's a spring and a planet and foundations,
be it earth
or interred.

Fire opens the pages of a book,
of ancient golden engravings,
instantaneous dawn in the reading,
that also now brightens us.
Rose of a thousand leaves, the gaze,
flames, momentary horizons.

I grip the sky with a little water
which I don't know if it bursts like a flame
or if it shreds
—opening of horizons,
a shred of the immense in what is near.
With the light enter planets
and space,
what is distant bursts in through my window.

ARCANO 10
LA FORTUNA

Como una piedra sin mano, el azar
que lanzan infinitas manos,
es el rostro del todo
imprevisto en lo incierto,
la esfinge en cada piedra
que sueña en el silencio.

El azar guarda, sí, un enigma,
en el enigma hay un espejo
y sólo en lo que soy me rompo
en la piedra de este espejo.

Con la mirada adentro
va el camino,
la rueda avanza afuera
pero regresa su memoria.
En el volver hay un volverse,
en el tiempo molinos
de luz y desenlaces.

ARCANUM 10
THE WHEEL OF FORTUNE

Like a stone thrown, the hand unseen, chance
which infinite hands fling
is the face of everything
unforeseen in uncertainty,
the sphinx in every stone
that dreams in silence.

Chance protects, yes, an enigma,
there is a mirror in the enigma
and only in what I am I am broken
in the stone of this mirror.

With the gaze inside
the road goes.
The wheel advances outside
but its memory returns.
In its returning there is an overturning,
in time, windmills
of light and endings.

ARCANO 11
LA FUERZA

Noche del fondo
que cayó en las gargantas,
árbol en el cuerpo hundido,
con una piel y un ojo en donde brilla el cielo.
Noche con una piedra oscura
de luz clara
y el recuerdo que es fuente tiempo adentro,
interna transparencia,
río fantasmal que nos reúne.
La fuerza es sin saberlo una memoria
que desde algún origen nos impulsa.

En la noche somos raíz profunda,
anclaje en los metales,
senda abismal que pierde el sueño:
cabellera infinita,
sepulta en el silencio y loca
—soles del sueño polimorfo
en las comarcas de la sombra.
Medusa fue quizás de mirar tanto
hurgó mi fondo y topó mi piedra.

¿Qué astro incendió al tigre
la noche en ascuas que fraguó su esencia?
Hambre de lo que mira tiene el fuego.
Vuelo de tigre en tierra;
y ansia de lo inasible
del águila íntima en la altura.
No sé qué estrella prenderá mi esencia,
ni cuántos despertares tiene el ojo.

ARCANUM 11
FORCE

Night of depth
that fell through throats,
a tree in the sunken body,
with a skin and an eye where the sky shines.
Night with a dark stone
of clear light
and memory that is a fountain inside time,
an internal transparency,
a phantasmal river that binds us.
Force, without knowing, is a memory
that drives us from some source.

We are a deep root in the night,
an anchorage in metals,
an abysmal path lost by dreams:
an infinite hair,
buried in silence and mad
—suns of polymorphous dream
in the regions of shadow.
Perhaps Medusa came to be from so much gazing;
it raked my depth and bumped into my stone.

What star burnt the tiger
the night in embers that forged its essence?
Fire craves for what it sees.
Flight of the tiger on land;
and longing for the ungraspable
of the intimate eagle on high.
I don't know what star will seize my essence,
or how many awakenings the eye has.

ARCANO 12
EL COLGADO

Inverso, suspendido
como hundido en un espejo, el colgado
es quizás una sombra
de alguna posibilidad más real.
Pisa el aire y no avanza,
acaso vuela o titubea
como hojas en suspenso,
golpea sus propios muros como péndulo,
fuera del tiempo
                extraviado.

Fruto es pendiente de otro mundo
o tal vez va en la nada,
el colgado,
allá en el otro lado del espejo.
Por lo inasible ahogado.
Es náufraga su voluntad sin tierra.
¿El viento que lo mueve
es una música en que danza,
o es ya viento el que danza
y con los astros gira y se detiene?
¿A quién su cuerpo suelto
en su obediencia escucha?
El mundo se interrumpe en el espejo,
y del otro lado es el mar
sin ser que nos enfrentan los reflejos.
¿Es ya un vértigo el canto de sirena,
su caída también un vuelo
en un mundo al revés?
A lo desconocido se va, así,
                        perdido.

ARCANUM 12
THE HANGED MAN

Upside down, suspended
as if drowned in a mirror, the hanged man
is perhaps a shadow
of some more real possibility.
He treads the air without going forward,
perhaps he flies, or staggers
like leaves in suspense,
he strikes his own walls like a pendulum,
outside time
                strayed.

He is a fruit hanging from another world
or perhaps floats in nothingness,
the hanged man,
there on the other side of the mirror.
Drowned by the ungraspable.
His landless will is a castaway.
Is the wind that moves him
a music to which he dances,
or is he who dances already a wind
and spins with the stars and halts?
To whom does his loose body
listen in its obedience?
The world is blocked by the mirror,
and on the other side is the sea
without a being to which reflections confront us.
Is the singing of the mermaid now a vertigo,
its fall also a flight
in an upside down world?
One departs to the unknown, thus,
                              lost.

ARCANO 13
LA MUERTE

Me quedé sin tu voz
y sin tus manos, sin tus ojos
que tenían el color de la noche
y el sabor de los sueños.

Todo sueño al encenderse quizá
nos mata y vive de nosotros,
su tenue intensidad es un exilio;
sin orillas las manos,
ya los pies sin caminos,
la libertad sin puerto.

Pero quizá podemos vivir en una sombra,
quizás en los sueños vivimos muertos.
La imagen es lo muerto y el deseo,
vida del polvo es el deseo.

Quizás un fuego es sueños
volar fuera de sí,
como Ícaro en el ala de su incendio,
ángel que parte
buscando una existencia.

ARCANUM 13
DEATH

I was left without your voice
and without your hands, without your eyes
that had the colour of night
and the savour of dreams.

Every dream, on burning, perhaps
kills us and thrives on us,
its tenuous intensity is an exile;
its hands shoreless,
its feet pathless,
its freedom portless.

But perhaps we can live in a shadow,
perhaps in dreams we live our death.
The image is what is dead and desire,
a life of dust is desire.

Perhaps a fire is dreams
flying outside oneself,
like Icarus in the wing of his blaze—
an angel flying off
seeking an existence.

ARCANO 14
LA TEMPLANZA

Tú eres fuego
yo soy mar
soy el mar del fuego
tú la flama
en el incendio del océano.

Tú eres fuego
yo soy viento
soy el viento en las alas de la llama
tú la lumbre
en que prende invisible el viento.

Tú eres aire
yo soy agua
eres el aire interno
y transparente del océano
soy espejo
que ancla el cielo.

Tú eres fuego
yo soy tierra
tú eres el ascua que recuerda
la antigua tierra en sus metales
soy la ceniza
que olvidó su fuego.

ARCANUM 14
TEMPERANCE

You are fire
I am sea
I am the sea of fire
you the flame
in the blaze of the ocean.

You are fire
I am wind
I am the wind on the wings of the flame
you are the fire
that invisibly lights up wind.

You are air
I am water
you are the internal
and transparent air of the ocean
I am a mirror
that anchors the sky.

You are fire
I am earth
you are the ember that recalls
the ancient earth in its metals
I am the ash
that forgot its fire.

ARCANO 15
LA PASIÓN

La noche de tu mirada
fue de pronto
la mirada de la noche;
hubo intemperie sin bordes
y un desnudarse que toca
hasta el hueso de las cosas.

Mordimos sol, tierra, viento;
brillante en la piel fue cada estrella
como un ver sin luz, casi tocando,
o un saber
sin distancias ya, sin mediaciones.

Sed de ser
deseo de océano en las entrañas
y hambre de astro entre las manos ciegas.
Quiero tu voz en que prende el cuerpo
y tu audacia
de ángel encendido;
en tu fuego vuelo,
en tu ola yo me incendio,
ardo de agua,
de luz vuelo.

Tus ojos son noche y fuego
ríos   piedra
que atravieso;
y ave soy   y ávida sombra,
sólo un sueño
herido por el aire.

ARCANUM 15
PASSION

The night of your gaze
was suddenly
the gaze of night;
there was a boundless openness
and a stripping that touches
to the very bone of things.

We bit the sun, earth, wind;
every star was shining on the skin
like a lightless seeing, almost feeling one's way,
or knowing
without distances now, without mediations.

Thirst for being
a desire for an ocean in the innards
and hunger for a star between one's blind hands.
I long for your voice in which my body catches fire
and your audacity
of a burning angel;
I fly in your fire,
I burn in your wave,
I burn with water,
I fly in light.

Your eyes are night and fire,
rivers   stone
that I traverse;
I am a bird   and an eager shadow,
only a dream
wounded by the air.

ARCANO 16
LA TORRE

En la torre hay ventanas
por donde mira el fuego
mira el fuego, devora
y nos convierte en fuego
es como un tigre interno
abierto por las cosas
o un gran sueño de luz que se desata.

Los sueños andan sueltos por la torre,
abren sus fauces súbitas los huecos,
garras de piedra hunden los techos.
Como habitante extraña
despierto en un espejo:
hay escaleras que corren sin fin
hacia ellas mismas
y cuartos que se adentran
adentro de otros cuartos.
Pero los sueños
no sé si son una salida
o si los sueños nos encierran
y yo no sé
si nos dan otra vida
o si los sueños nos matan.

ARCANUM 16
THE TOWER

In the tower there are windows
through which fire gazes,
the fire gazes, it devours
and transforms us into fire,
it is like an inner tiger
opened by things,
or a great dream of light that is unleashed.

Dreams are on the loose through the tower,
its cavities open their sudden jaws,
its roofs sink into stone claws.
Like a foreign dweller
I awake in a mirror:
there are stairways that run endlessly
toward themselves
and rooms that penetrate
into other rooms.
But the dreams
I don't know if they are an exit
or if they enclose us,
and I don't know
if they give us another life
or if they kill us.

ARCANO 17
LA ESTRELLA

Agua de estrellas corre entre las piedras,
agua que encienden las estrellas,
fluye por tierra el cielo
pasa inasible en tiempo.
Huida siempre
del río abierto en precipicios,
antorcha que con cielo y astros corre
y aquí entre los árboles no cabe.

Río al que arrastran
los tiempos más antiguos,
caída a la que llama
una voz del origen.

Brillan al viento
los aromas lejanos,
lo vacío se parece al pensamiento.
El tiempo nos desnuda
hasta la luz como a los astros.
Caminos que abren dentro,
también internas llamas.
Por una estrella caminamos ciegos,
resplandor que se oculta en lo inmediato,
enigma ombligo, cicatriz del fuego.
El destino se ahonda
y topará la estrella.

ARCANUM 17
THE STAR

Water of stars rushes among stones,
water the stars light up,
the sky flows through earth,
it passes ungraspably in time.
Always in flight
from the river opened in precipices,
a torch that runs with the sky and the stars
and does not fit here among the trees.

River dragged by
the most ancient times,
a fall called by
a primordial voice.

Distant aromas
glitter in the wind,
emptiness is like thought.
Time strips us
down to light, till we are like stars.
They open pathways inside,
and internal flames.
We walk blindly along a star,
its splendour is hidden in the immediate,
an umbilical enigma, scar of the fire.
Its destination deepens
and it will butt against the star.

ARCANO 18
LA LUNA

La luna no se disuelve en la noche
como las otras piedras.
Tras de la luz olvida
un corazón desierto.
Empeñado en su sol
su solo pensamiento,
ni se amortigua en piedra,
ni disipa la noche con su intento.
Su día vive encerrado en un espejo
y su voluntad en un sueño.

Agujero en la oscuridad, la luna,
como el sueño,
con su espejo sin tierra,
sin aire, sin agua y sin fuego.
Deshabitados siempre,
la realidad no acaba con los sueños
y es un pozo la ausencia
        del espejo.

ARCANUM 18
THE MOON

The moon doesn't dissolve in the night
like other stones.
Behind the light it leaves
an abandoned heart.
Its lone thought
yearning for its sun
won't be deadened in stone,
or won't it dissipate the night in trying.
Its day lives trapped in a mirror
and its will in a dream.

A hole in the darkness, the moon,
like dream,
with its landless mirror,
without air, water or fire.
Uninhabited always,
reality cannot put an end to dreams
and the mirror's absence
                is a pit.

ARCANO 19
EL SOL

Unidad en blanco que quiebran
            los colores
a la luz   se le saldría el mundo
pero en su acorde es transparencia
joya invisible que encerró el tesoro
silencio
que escuchó toda la música y piensa

como cosas se encienden las imágenes
no hay hogueras en los brillos
en luz
recaudan mundo los espejos
quizá con luz se piensa

trae sol   la luz
como un origen
que aclara
una memoria
      que ilumina
      que es pureza.

ARCANUM 19
THE SUN

A unity in white which colours
                shatter
the world   would leave the light,
but in its chord it is a transparency
an invisible jewel that locked up the treasure,
silence
that listened to all the music and thinks,

images light up like things
there are no hearths in the brightness
in light
mirrors gather a world
maybe in light one thinks

the sun draws   light
like an origin
that clarifies
a memory
        that lights up
        that is purity.

ARCANO 20
EL JUICIO

A Zina

Hay quienes murieron de silencio
y a quienes mataron por haber hablado.
Voces hay
que dan vida
y voces que matan,
palabras de nadie para nadie
y juicios sostenidos sin justicia.

No sólo con aire respiramos
también con las palabras.
Hay nombres que nacen de la vida,
son aliento,
nos habitan con un alma,
son un alumbramiento.
Y nacemos a un mundo donde estar
con la piel entera
y tocando con las manos.
Aspiramos al mundo en la voz,
        a luz nos damos.

Pero hay palabras donde nunca estamos,
ni las vivió nadie   .
ni podríamos respirarlas.
Hay mudez que es como muerte
y también,
muertos que hablan.

ARCANUM 20
JUDGEMENT

To Zina

There are those who died of silence
and those who were slain for having spoken.
There are voices
that give life
and voices that kill,
words from no one to no one,
judgments held unjustly.

We breathe not only with air,
but also with words.
There are names that are born from life,
they are a breath,
they people us with a soul,
they are a birth.
And we are born into a world where we'll be
with our skin intact
and touching with our hands.
We aspire to the world with our voice,
      we give birth to ourselves.

But there are words where we never are,
no one lived them
and we could not breathe them.
There is a muteness that is like death
and also
the dead who speak.

ARCANO 21
EL MUNDO

Para atrapar al sol
        pulí la piedra,
lavé mi corazón,
entré en el agua
y tuve al mundo atravesado
por un río diáfano y claro.

Un afán de brillante empuja al agua.
Lava en su espejo el mundo
que en lo fugaz se vuelve fuego nuevo,
rostro en blanco
y fragua de pureza;
flecha en lo real de manantiales.

En la imagen la cosa se destrenza,
se nos disuelve intacta.
Sabor de olvido el agua
brillante de reflejos.
Su correr es volar,
un desprenderse,
ser de abismo o quizás ave de nada,
sed de cielo o avidez de nada.

Y fue una piedra de aire entre mis dedos
el agua rota por lo inmenso.

ARCANUM 21
THE WORLD

To capture the sun
            I polished the stone,
I washed my heart,
I entered the water
and I had the world traversed
by a diaphanous and clear river.

A desire to be a diamond drives the water.
In its mirror it washes the world
that in its flight becomes a new fire,
a blank face
and a forge of purity—
an arrow in the reality of springs.

In the image our things are unbraided,
intact they dissolve.
Savour of oblivion, water,
brilliant with reflections.
Its course is flying,
a parting,
a being of abyss or maybe a bird of the void,
a thirst for the sky or a craving for the void.

And it was a stone of air between my fingers
the water broken by immensity.

ARCANO 0
EL LOCO

Amarró la noche en su alforja,
a ese Proteo imprevisto, la penumbra,
las promesas de lo ignoto y las cosas
que lo negro atesora:
el olvido perdido
y el inasible sueño,
en el olvido un tiempo sin historia
y en el sueño sin tiempo,
una historia extraviada
y los frutos prohibidos
que resguarda la sombra.

Lo imposible es inolvidable.
Mitad vivimos cara hacia la noche
y en el borde del párpado inventamos.
Anhelo loco por despertar en un sueño,
porque son otros los jardines de la noche,
otros los puertos y los horizontes.
Caminar   caminar
hacia lo que aún no existe,
por lo intempestivo del rayo
o la vaguedad del naufragio.
En la noche fundar el día,
      en el día abrir la noche.

ARCANUM 0
THE FOOL

He tied night in his saddlebag,
that unforeseen Proteus, the half-light,
the promises of the unknown and things
that blackness amasses:
lost oblivion
and intangible dream,
in oblivion a time without history,
and in the timeless dream
a strayed story
and the forbidden fruits
that shadow protects.

The impossible is unforgettable,
we half-live facing the night
and we invent on the rim of the eyelid.
A foolish longing to wake in a dream
because the night has other gardens,
other ports and horizons.
Journeying   journeying
toward what still doesn't exist,
or the unexpectedness of lightning bolts
or the vagueness of the shipwreck.
In the night establishing the day,
          in the day opening the night.

Otros poemas

Other Poems

PETICIÓN

Dame la humildad del ala y de lo leve,
de lo que pasa suave
y suelta el ancla,
la despedida ingrávida,
y el abandono al vuelo,
la cicatriz que avanza
como ala en su desierto

Dame la humildad del alma
sin cuerpo y ya sin cosas.
Ser la poesía y su luz,
tan sólo la poesía
y la región más de aire,
inaccesible al desastre.

Dame la luz sin límites
acechando adentro
y la noche que soy también y el barro,
con la estrella distante
que la sed no sacia.

Dame la humildad que suelte las cadenas,
la verdad que desnuda
el polvo, el hueso que me fraguan.
Sólo en lo que soy caigo,
me derrumbo.

Déjame andar sin equipaje,
leve,
abierta al horizonte.

Request

Give me the humility of wing and lightness,
of what passes gently
and frees the anchor,
the weightless farewell,
and the giving in to flight,
the growing scar
like a wing in its desert.

Give me the humility of the soul
bodiless and now without things.
To be poetry and its light,
only poetry
and the airiest region,
inaccessible to disaster.

Give me limitless light
lurking inside
and the night I also am and mud,
with the distant star
that doesn't quench thirst.

Give me the humility that unbinds chains,
the truth that unstrips
the dust, the bone that mould me.
Only in what I am I fall,
I collapse.

Let me go without baggage,
lightly,
open to the horizon.

LIBERTAD

A mí me gusta la libertad,
viajar rodeada de horizonte,
en el gran círculo sin muros
      andar casi volando,

y desde el corazón nacerme
que en sí ya es mudo e invisible vuelo,
solitario impulso,
no sé si afuera de lo real
o en realidad adentro,
o donde ya no importa porque no soy muro
y fui abandonando mi peso en cada orilla.

Somos ave por dentro,
      vuelo,
y soy —no en la tierra
o el fierro— soy un sueño,
una múltiple ala, fuego interno.

Y me gusta la soledad
y el mar y el horizonte
y ese dejarse ser
como una apuesta de pájaros
o flor o estrella en desbandada
y el amor me gusta
que a la libertad, como el de Dios, se parece.
Amo la libertad, sí,
que es la creación de las cosas
y de leves, inexplicables
razones me ilumina.

FREEDOM

I like freedom,
to journey encompassed by the horizon,
in the great circle without walls
      to walk almost flying,

and from the heart spring up
that in itself is now a mute and invisible flight,
a solitary impulse,
I don't know if outside the real
or actually inside,
or where it won't matter because I'm not a wall
and I abandoned my weight on every shore.

We are a bird inside,
      a flight,
and I am—not on the earth
or iron—I am a dream,
a multiple wing, an internal fire.

And I like solitude
and the sea and the horizon
and that letting one be
like a stalking of birds
or flower or star scattering
and I like love
that resembles freedom, like God's.
I love freedom, yes,
which is the creation of things
and with gentle, inexplicable
reasons it illuminates me.

Laberinto

Quisiera ser volando
solo en el viento seña
frágil dibujo que encendida ando
y en sumergida sombra
mirada plena.

Con mi vida escribo
las huellas de una estrella
bajo una muda noche amanecida.

Hay un vuelo que abre
la luz en lo interno
un caminar sensible
del corazón despierto.

LABYRINTH

I would like to be flying
only a signal in the wind
a fragile sketch that, alight, I walk
and in submerged shadow
a full gaze.

With my life I write
the traces of a star
under a mute dawned night.

There is a flight that opens
the light in the internal,
a sensitive walking
of the alert heart.

Fondo

A Octavio Paz

La conciencia se llamó dolor,
y dar a luz fue así
porque somos tierra
y la tierra no acata sin la herida.
Le surgieron ojos al desastre
y algo que parece un alma
y ganas de pies y brazos
para libertades nuevas.

La conciencia fue la herida
pero también el ala
amanecida del desastre.

La luz del cielo es otorgada,
no sé por qué en la tierra
nos cuesta un sacrificio,
como si tuviera que nacerse,
salir de la sangre nuevamente,
afirmarse en el espacio de lo interno
cual si tuviera que inventarse
   —no existiera.

El fuego nos despoja,
y el águila tan alta lastima nuestra entraña,
y llevar fuego adentro
o ser águila en algún cielo
exige la renuncia
de lo que no es luz, ni vuelo.

Depth

To Octavio Paz

Consciousness was called pain,
and to give birth was thus
because we are earth
and the earth won't obey without a wound.
Disaster grew eyes
and something that seems a soul
and a desire for feet and arms
for new freedoms.

Consciousness was the wound
but also the wing
dawned from disaster.

Light from the sky is awarded,
I don't know why on the earth
it costs us a sacrifice,
as if it had to be born,
to emerge from blood again,
to assert itself in the space of the internal
as if it had to be invented
      —it didn't exist.

Fire strips us,
and the very high eagle hurts our innards,
and to carry fire inside
or to be an eagle in some sky
demands the renunciation
of what is not light, or flight.

Jardín

Hay en mi jardín rosas que deshojan
un corazón abierto al descampado.
Así es la flor,
su desnudez es magia.
Le pido a la rosa me guarde,
en la fragilidad, secretos dones
y a la espina me otorgue la humildad
y sus manos precisas.

Pido un techo que no tape, que recuerde
                                        al cielo
y una ciudad que es nueva siempre
porque no agota sus caminos,
y le pido al río su fluir,
su muerte en el instante
que también es vuelo.

GARDEN

There are roses in my garden that unleaf
a gaping heart in the open air.
Thus is the flower,
its nakedness is magic.
I beseech the rose to guard for me,
in its fragility, secret gifts
and the thorn to award me humility
and its precise hands.

I ask for a roof that won't block me in, that reminds me
                                                                                  of the sky
and for a city that is always new
because it won't exhaust its paths,
and I ask the river for its course,
its death in the instant
that is also flight.

Puertas
A Roberto Bolaño

Quedarse quieto,
y hallar la puerta a lo hondo
la puerta que no escapa
y filtra la luz en cada cosa,
la puerta del camino
que deshace la sombra
y esos pies tan sin nada
que son los de los ojos,
la puerta tenaz de la esperanza
o la puerta de otra verdad en la sorpresa,
o la del filo
inversa de la sangre
la exactitud que es otro filo,
o la de espejo
que todo ávido lo abarca mas
se guarda fiel como un diamante,
o la del diamante que tan sólo es el diamante
infinitamente quieto,
o la del agua afilada en transparencia,
o la del ensueño como una mancha
que se corre distraída
en los manteles de la tarde,
la del tiempo en el silencio,
la del silencio
en la que habla mudo el pensamiento,
o el color azul
que es tantas puertas
o la del alma aquí
¿cómo dejarla entre las cosas?

Doors

To Roberto Bolaño

To remain quiet,
and to find the door in the depth
the door that doesn't escape
and filters light in everything,
the door of the road
that undoes the shadow
and those feet so without anything
that they are those of the eyes,
the stubborn door of hope
or the door of another truth in the surprise,
or that of the edge
reverse of blood
the exactitude that is another edge,
or that of a mirror
which, eager, embraces everything but
holds itself faithful like a diamond,
or that of the diamond that is only the diamond
infinitely still,
or that of water sharpened in transparency,
or that of daydream like a stain
running absent-minded
on the tablecloths of evening,
that of time in the silence,
that of silence
in which mute thought speaks,
or the colour blue
which is so many doors
or that of the soul here,
how to leave it among things?

Otros tiempos

La voluntad no es el tiempo de las estaciones,
la voluntad tiene prisa,
y es como un tiempo nuevo,
distinto del florecer y de los días,
la voluntad se mira a sí intensamente
pero no tiene ojos para las estrellas,
ni el paladar del horizonte.
La voluntad es hueco,
cavidades,
pero no quiere saberlas,
tiene los ojos del desierto
pero vino a inventarle aguas a las piedras
y a curarse la muerte
      en cada instante,
espantar en el músculo el pasado,
la voluntad está sola, es esforzada,
extranjera a la gracia
y a la interna abandonada espera
los ojos del desierto tiene que no acepta
y del vacío al que ahuyenta
y es tan distinta de la tierra y su arena,
del atardecer y su calma.
Su velocidad es mil máscaras
y torres que se quieren más altas que otras torres,
pero no quiere, no, el interior del hombre
y lo que en él habla,
en el sueño o el silencio;
la herida del amor la trocó en guerra,
y con su ira empuja, progresa.

Other Times

The will is not the time of the seasons,
the will is in a hurry,
and it is like a new time,
different from flowering and days,
the will looks at itself intensely,
but it has no eyes for the stars,
or the palate of the horizon.
The will is a hollow,
cavities,
but it doesn't want to know them,
it has the eyes of the desert
but it came to invent water for stones
and to recover from death
                    at every instant,
to frighten the past in the muscle,
the will is alone, is brave,
alien to grace
and to the internal abandoned hope
it has the eyes of the desert which it won't accept
and of the void to which it frightens away
and is so different from the earth and its sand,
its evening and its calm.
Its speed is a thousand masks
and towers which claim to be taller than other towers,
but it does not want, no, the interior of man,
or what speaks inside him,
in dreams or in silence;
it turned the wound of love into war,
and pushes with its anger, progresses.

Pero la verdad se recibe
un día humilde y lento.
Manos sin sueños la realidad acatan
como se recibe el tiempo,
las cosas que sobre la piel suceden,
el dolor, la muerte y el desierto,
el sabor de una historia
encendido en el silencio.

But truth is received
on a humble and slow day.
Hands without dreams obey reality
the way time is received,
things that occur on the skin,
pain, death and the desert,
the savour of a story
burning in the silence.

Despedida

Que sea mi amor tan mudo
                como Dios,
que te sea   invisible
y casi insospechado
y aunque envuelto en la sombra
o náufrago en borrasca,
que tras la noche brille
si lo entiendes.
Basta mirar para que exista,
acatar lo profundo
y somos una estrella.
La luz es siempre poderosa
pero se olvida fácilmente.
El corazón tan sólo es un testigo,
en luz no hay sombra.
De más allá de mí quisiera amarte
y estar en ti en la libertad
cuando te encuentres
en la razón que es magia
y te devela
profundo   muy profundo.

Farewell

Let my love be as mute
               as God,
let it be   invisible to you
and almost unsuspected
and though enveloped in shadow
or shipwrecked in a storm,
let it shine after the night
if you understand it.
Looking is enough for it to exist,
respecting the profound
and we are a star.
Light is always powerful
but is easily forgotten.
The heart alone is a witness,
there is no shadow in light.
Beyond myself I wish to love you
and to be in you in freedom
when you find yourself
in the reason that is magic
and unveils you
profound   deeply profound.

ANUNCIO

Trae a la noche el viento.
¿La arrastra de algún fondo,
o es su anuncio mudo a cada cosa?
Grito muy hondo, imprevisto, de lo oscuro,
que cada quien escucha
desde lo hueco y lo insabido y ciego.
¡Que se haga la noche!, dice el viento,
y la luz se deshace
y la sombra nos pierde inadvertida.
Su voz es el olvido,
—palabra invertebrada—,
el naufragio íntimo del sueño,
el descuido, prófugo, azaroso,
la derrota de niebla —el desaliento.
Voz del viento sin voz,
grito vacío
que socava por dentro minucioso.

Y ya la noche es nuestra
y su avanzar desierto.
Silencio obtuso nos abarca.

Announcement

The wind draws with itself the night.
Does it drag it from some depth,
or is it a mute announcement to everything?
A very deep shout, unanticipated, from the dark,
that everyone listens to
from the hollow and the unknown and blind.
Let there be night!, the wind says,
and the light is undone
and shadow unnoticed loses us.
Its voice is oblivion
—invertebrate word—
the intimate shipwreck of dreams,
carelessness, fugitive and hazardous,
a failure, mist—dismay.
Voice of the voiceless wind,
empty shout
that undermines minutely inside.

And now night is ours
and its bleak advancing.
An obtuse silence embraces us.

La Stella

Hay que envolverlos con amor de luz,
porque la luz te ama,
la luz es ala para el alma
y despliega a la semilla en su belleza.
Como a una rosa
abre la luz todos los pliegues
y la dulzura es llave
de hondura en cualquier sitio.

Una capullo de luz pido para ella,
una cuna de luz
que tanto la ama.

Brilla   tan intensamente el alma
por debajo y dentro,
ya te ocupa.
De su propia inmensidad fulge la estrella,
pero en la noche aguarda.

La estrella hacia sí,
hacia su adentro vuela
y allá es otra, espaciosa y nueva.

La noche es un camino que desnuda el alma,
joya infinita te revela.

La Stella

One must envelop them with love of light
because light loves you,
light is a wing for the soul
and unfurls the seed in its beauty.
As to a rose
light opens all its folds
and its sweetness is a key
of depth in any place.

I seek a cocoon of light for it,
a cradle of light
that loves it so much.

The soul shines   so intensely
below and inside,
it occupies you now.
From its own immensity the star glows,
but it waits in the night.

The star toward itself,
flies towards its inside
and beyond it is transformed, spacious and new.

Night is a road that strips the soul,
as an infinite jewel reveals you.

Los ángeles
A E. F., in memoriam

Vienen los ángeles del aire
como la voz y las palabras.
Quedan sólo un instante, luego parten.
¿En sitios más tenues persisten
inexistentes quizás,
aunque también eternos?

En la tierra hay semillas, caracoles
que despliegan su entraña lentamente,
y como por explosiones desde sí mismos crecen,
y se van dando a luz parte con parte.
Como un Atlas la tierra
se carga a sí sobre su espalda
y sus torres avanzadas tienen
desde los pies que recordarse.
Piedra y ladrillo son insomnes,
no es del olvido la tierra, no,
memoria esforzada es levantarse.

Tuvo el árbol en sí que hallar sustento,
el tigre entre la sangre,
el hombre en su cuidado.
Mas se muere de pronto
cuando el aire ya deja
por dentro de habitarnos.
La torre se derrumba entre las piedras,
si la ambición de un cielo no la alza.

¿En qué otra parte se halla lo súbito del aire,
lo que existe sin causas,
primer motor, como por sola gracia?

The Angels

To E.F., in memoriam

The angels come from the air
like voice and words.
They stay only an instant, then leave.
Do they persist, perhaps non-existent,
although also eternal,
in more tenuous places?

There are seeds in the earth, snails
that slowly unfold their innards,
and grow through explosions from themselves,
and each part is born from another part.
Like an Atlas the earth
is loaded on its own back
and its advanced towers, from its feet,
must be remembered.
Stone and brick are insomniac,
the earth is not of oblivion, no,
raising oneself up is a brave memory.

The tree had to find sustenance in itself,
the tiger amid blood,
man in his care.
But he dies suddenly
when the air no longer
dwells inside us.
The tower crumbles amid stones,
if the ambition of a sky won't lift it.

Where else is found the suddenness of the air,
that which exists without causes,
first mover, as by grace alone?

A los ángeles uno los absorbe,
vienen cual viento y nos habitan
la carne o el pensamiento,
se quedan un instante, luego parten,
pero quedamos como encendidos de algo
infinitamente en el centro luminosos.
Los que vinieron y ya no están
no son como los ángeles,
pasan por nuestra vida
y labran,
nos dejan una historia
que trabaja su luz difícilmente.

One absorbs the angels,
they come like a wind and inhabit
our flesh or thought,
they stay an instant, then leave,
but we remain as though burning with something
infinitely luminous in our cores.
Those who came and left us
are not like angels,
they pass through our lives
and they labour,
they leave us a story
that works its light with difficulty.

EHÉCATL

A Tomás Parra

En la boca del caracol
habla el viento
como un incendio de aire, su voz
llama al vuelo.
¿Qué dice el fuego,
qué semilla es la suya,
desde dónde llega y nos toca,
qué oído abre al corazón?

Voz sola,
voz que nace
y no sé qué nombra,
pero todo vibra y danza,
y en fuga arde, se desborda.
Lejana inmensidad incendia al río.
Caudal de siembra estrepitosa,
cántaros de océanos pastizales,
cien mil mimbres timbales;
        ola la voz
aglomerada salpicante espiga
que en el vuelo del canto libre estalla.

Golpe de polvo alzado
y follaje en contienda, voz
veloz de acantilado,
sirena urgente, precipicio,
caudaloso aullar prófugo
y yerbas sibilantes,
prisas presas.
Himno de tempestades
en mil bocas

Ehécatl

To Tomás Parra

In the snail's mouth
the wind speaks
like an airy fire, its voice
calls to flight.
What does the fire say,
what seed is its,
from where does it come and touch us,
what ear does it open to the heart?

A lone voice,
a voice that is born
and I don't know what it names,
but everything vibrates and dances,
and fugitively burns, overflows.
A distant immensity burns the river.
Flows of clamorous stalks,
jugfuls of ocean pasturelands,
and a hundred thousand wicker drums;
    the voice a wave,
a heaped up splashing wheat
exploding in the flight of free song.

Beat of raised dust
and foliage in conflict, fast
voice of a cliff,
an urgent mermaid, precipice,
a fugitive mighty howling
and whispering grasses,
quickness in prey.
A hymn of tempests
in a thousand mouths

y en mil bocas, mil bocas:
todo es voz.
Gran garganta la tierra,
gran clamor.
Y los árboles mascan, mascan,
fiera el aire,
perra voz.

En estampida llega el horizonte,
una lejana hondura nos alcanza,
agujero que es grito de distancias,
agolpada inmensidad.
Asaltante aparición
de lo invisible.
Tiempo desvistiéndose,
escapándose, tiempo muriéndose.
Tiempo que aúlla y corre por el llano.
Aire en llamas,
llamas, llamas nos despiden.
Lo que se va y se va
es el viento:
súbita potencia de lo ido.

Fiera que pueda hablar,
         caracol,
decir el viento,
pequeña osamenta de un dios
sobre la playa inmenso,
lengua de ráfaga,
torbellino en su piedra,
silbo envuelto, carretel,
mirada que es un vértigo y arrolla
el cielo ensimismado.
Sol hacia sí,

and in a thousand, thousand mouths—
everything is voice.
The earth a great throat,
a great shout.
And the trees chew, chew,
the air a wild beast,
voice a bitch.

The horizon arrives in a stampede,
a distant depth reaches us,
hole that's a shout of distance itself,
a crowded immensity.
An assaulting apparition
of the invisible.
Time stripping,
escaping, time dying.
Time that howls and races through the plain.
Air in flames,
flames, flames bidding goodbye.
What is going and going
is the wind:
a sudden power of what's gone.

A wild beast that can speak,
                snail,
utter the wind,
small bones of a huge
god on the beach,
gusting tongue,
whirlwind in its stone,
enveloped whistle, fishing reel,
gaze that's a vertigo and sweeps away
the engrossed sky.
Sun turned to itself,

doblez del ojo,
carnal y sutil luz de lo que mira,
y corazón que es cuenca, abrazo.
¡Ay dolor de la tierra, caracol,
un gritar desde el hueso!

Tornillo en lo primero,
caracol, verbo yerto,
voz que se enhebra en el encierro,
y una mano calcárea que una ola imita
nace queriendo ser, vertirse,
empeñoso esqueleto,
seca ¡ay! voluntad de monumento,
mar de hueso, muñón espejo.
Cántaro urgando en sí, y extrayendo
lo que ya no ha sido,
un imposible regresar que avanza,
un puño de ola hueca en el desierto.

Manivela loca en la playa
        que regresa
el mar hacia su ola,
la palma a su semilla,
a su rendija reintroduce el agua,
sorbe los astros, las montañas,
hila el viento en reversa, y la niebla.
Al amor me regresa,
sin voz, sin dientes, al abrazo.
Gran garganta de sí,
ombligo hambriento;
viruta salomónica acelera
su mezcla al precipicio—
tiovivo enloquecido, ávido,
revolución unánime, ya,

duplicity of the eye,
carnal and subtle light of what gazes,
and a heart that's a socket, an embrace.
Ah pain of the earth, snail,
a shout from the bone!

A screw in the first,
snail, rigid word,
voice that threads in the enclosure,
and a calcareous hand imitating a wave
is born longing to be, to pour itself out,
hard-working skeleton,
dry, ah, monumental will,
sea of bone, mirror stump.
Pitcher rummaging in itself, and drawing out
what now cannot be,
an impossible return that advances,
a fist of hollow wave in the desert.

A crazy winch on the beach
          that returns
the sea toward its wave,
the palm to its seed,
that puts water again into its crevice,
sucks up the stars, the mountains,
threads the wind in reverse, and the fog.
It returns me to love,
to embrace, voiceless, toothless.
A great throat to itself,
ravenous umbilical;
spiral shaving speeds up
its mixture into the precipice—
maddened carousel, eager,
unanimous revolution, now,

sed giratoria
espejo del eterno movimiento,
arké, vibrante *arké*
invisible volando
en la velocidad... de pronto.

Decapitado, en las arenas,
cráneo a la vez y pensamiento,
jarro vertiendo un hueco
en esta orilla,
boca que es ella todo cuerpo,
aullar desgañitado, roto,
lobo magro,
íngrimo glifo hablando al descampado,
descarnado algoritmo, trompo abstracto,
geometría tenaz en el desierto
que sueña con el vuelco de los mares,
los giros inasibles, transparentes,
donde ocurrió una tarde el milagro de los peces.

Amanecido adentro, la voz
nos abre a un cielo que entendemos
de cosas intangibles como aromas,
pero sentidas,
y en lo íntimo precisas,
        seres de aire
como el círculo o la línea, indestructibles,
en un espacio sin tiempo,
y sin gravedad,
ese otro término y caída.
O un puro tiempo quizá
—todos los tiempos—
niebla del pensamiento, sin espacio,
íntima inagotable profecía,

a revolving thirst,
mirror of eternal movement,
arké, a vibrant *arké*
flying invisible
on its speed . . . suddenly.

Decapitated, in the sands,
skull at the same time and thought,
jar pouring a hollow
onto this beach,
mouth that is all body,
hoarse, broken howl,
lean wolf,
lonely glyph addressing the open country,
emaciated algorithm, abstract spinning top,
tenacious geometry in the desert
dreaming of the seas' tumble,
the unattainable, transparent spirals
where on an afternoon the miracle of fish occurred.

Dawned inside, the voice
opens us to a sky we understand
of intangible things like scents,
but sensed,
and precise at the core,
                      beings of air
indestructible like the circle or the line,
in a timeless
and weightless space,
that other end and fall.
Or a pure time perhaps
—all times—
a cloud of thought, spaceless,
an intimate inexhaustible prophecy,

ser sin estar, manar sin cuerpo.
Clavado mar la espiga en sus vaivenes,
agua que es sólo un gesto en el paisaje
pero que adentro escuchamos todos.

Fue la voz
la que inventó la boca y sus alvéolos
y sus vocales y cantos
para salir del pensamiento.
Y el viento construyó sus cauces y castillos
y cañadas que lo hablan
y ovilló espirales memoriosas
y llevó las semillas
y sopló las palabras
abiertas en las bocas
que florecen internas un silencio.
Sopló en la carne y se hizo el fuego
grito del pensamiento en tierra, el fuego.

Una rosa inasible,
Prometeo, entre las manos,
una luz como cosa, sueño asido,
oro del viento, trajo,
capullo de astro,
una casa de luz para las noches,
una mesa,
y nos dio la palabra, su vigilia,
y el tiempo se volvió promesa;
un despertar del verbo
en carne, en sombra nueva.

La voz en espiral nos crece
igual que una semilla,
anhelo de inventarle un alma

a being without being there, a bodiless pouring.
A nailed sea the wheat in its swaying,
water that's only a gesture in the landscape
but we all hear inside.

It was the voice
that invented the mouth and its alveoli
and its vowels and songs
to emerge from thought.
And the wind built its river-beds and castles
and its streams that utter it
and it wound mindful spirals
and carried the seeds
and breathed the open
words into the mouths
that internally blossom a silence.
It breathed into the flesh and fire was made
a shout of thought on earth, fire.

An unpluckable rose,
Prometheus, between his hands,
a light like a thing, grasped dream,
gold of the wind he brought us,
starry cocoon,
house of light for the nights,
table,
and it gave us the word, its vigil,
and time became a promise:
an awakening of the word
in flesh, in new shadow.

The spiralling voice is growing in us
like a seed,
a yearning to make up a soul

al árbol y a la roca,
insuflarle respiro a cosas agobiadas.
Oh Rua Aelohim Aur:
un viento del reverso luz.
Aire que sonó al vocablo
acuñado en su nada,
y lengua que se torna luz,
verbo preñado,
luminiscencia hermética del soplo.

Sol es el aire ensimismado,
puño de luz que asimos —un recuerdo—
las geometrías del astro y de los cielos
atrapadas en esa transparencia,
y todo el día y el sol allí sabidos,
conjuraciones consteladas del instante,
como un hondo saberse, cielo adentro,
acuñado brillante
de tanto lo invisible.

¡Que sople tu palabra en mí,
que prenda,
que su atajo de luz,
me dé la forma,
que su frágil rigor
se vuelva fragua,
la flecha alcance de lo exacto,
de la asunción, lo ingrávido!
¡Que la conciencia me arme,
el verbo me ate!
¡Que vuele yo, sea viento,
que me escuchen la arena y el incendio
y la espuma, la piedra y el desierto!
¡Decirle al ala, el cielo!

for the tree and the rock,
to breathe a rest to overwhelmed things.
O Rua Aelohim Aur:
a wind at the back light.
An air that rang for the word
coined in its nothingness,
and a tongue that becomes light,
fraught word,
hermetic luminescence of breath.

The air is engrossed sun,
a fist of light we seize—a memory—
the geometry of the star and the heavens
trapped in that transparency,
and all day and the sun there well known,
constelled conspiracies of the instant,
like a deep knowing, out at sky,
minted brilliant
of so much invisible.

Let your word breathe into me,
let it take root,
let its shortcut of light
give me form,
let its fragile rigour
become a forge,
the arrow, may I reach, of what is exact,
of the assumption, the weightless!
Let conscience arm me,
the verb bind me!
Let me fly, be the wind,
let the sand and fire listen to me
and the foam, the stone and the desert!
Speak to the wing, sky!

Grito luz,
enciendo la mañana,
en cuerpo de agua o árbol
yo despierto.
Con luz respiro,
soy aliento.

I shout light,
I burn the morning,
in body of water or tree
I awaken.
I breathe with light,
I am breath.

Río

El río es sólo un brillo entre las rocas
que cae,   cae
y canta un estallido incesante
como vidrio que nunca deja
por dentro de quebrarse.
Los árboles danzan en el viento,
         danzan con perfección;
se mueven en una mezcla
de agitación y engranaje.
El viento, se alza el viento,
rumor que desglosa lo múltiple.
El lago cambia de rostros como un espejo,
en la tarde
después de ser sol
se vuelve algo metálico.
Ahora el lago es azul
y paulatinamente transparente
como aire cercano   hacia los bordes.
Entre la niebla el agua es una piedra
la niebla cubre el bosque como un velo profundo
pero por todas partes está abierta.

River

The river is only a glitter amid rocks
which falls,   falls
and sings a ceaseless shattering
like glass that will never
stop cracking on the inside.
The trees dance in the wind,
          dance to perfection—
they move with a mixture
of bustle and gear.
The wind, the wind rises,
a murmur that breaks down the multiple.
The lake switches faces like a mirror;
having been a sun
in the late afternoon
it turns into something metallic.
Now the lake is blue
and gradually transparent
like nearby air   toward the shores.
Through the fog the water is a stone
the fog covers the forest like a deep veil
but it is everywhere open.

Popocatépetl

Aquí entre las rocas empieza la tragedia,
aquí en el hielo que destila sus úlceras,
en el acantilado que se quiebra,
en la pesadumbre ciega de la piedra.
Aquí   tanto ser,
tanto ser de nadie para nadie,
tanta suavidad del musgo entre la yerba
y de la nieve en las pendientes dormidas,
tanta suavidad del viento entre la arena,
del viento entre los cardos y las nubes.
Viento que aquí ocurre como un destino anónimo
—desnudo como el paso
fantasmal del agua—
viento solitario que roma los peñascos,
viento en todas partes,
hasta en los poros de las piedras más chicas:
viento que es el rostro
aparecido del tiempo.

Popocatépetl

Here amid the rocks the tragedy begins,
here in the ice that distils its ulcers,
on the cliff that is breaking,
on the blind grief of the stone.
Here   so much being,
so much being of no one for no one,
so much smoothness of the moss amid the grass
and of the snow on the sleeping slopes,
so much smoothness of the wind amid the sand,
of the wind amid the thistles and the clouds.
Wind that occurs here like an anonymous fate
—naked like the phantasmal
passage of water—
solitary wind that blunts the rocks,
wind everywhere,
even in the pores of the tiniest stones:
wind that is the face
loomed out of time.

Leighton Studio

1

La casa es de cristal
como un diamante que se clava al cielo,
flecha de luz que se sostiene,
contra el viento, el hielo y el silencio.

La casa es de cristal,
holgado vaso para el ojo,
como caja de alma submarina,
aérea habitación de una mirada.

Y estoy allí, lo sé,
pero no tengo cuerpo
mas que el de esta luz que en su centro
y en su propia agua me sostiene.

Soy este aire femenino y cálido,
el encendido silencio.

2

No hay sustancia en la luz
que el bosque habita o la casa,
y en cada rama desembarca,

y en esa luz sin cuerpo yo habito
la soledad del bosque y las piedras.

Nada espanta al espacio, aquí,
la nieve impone su silencio.

Leighton Studio

1

The house is of crystal glass
like a diamond stuck in the sky,
an arrow of light that stays up
against wind, ice and silence.

The house is of crystal glass,
a roomy glass for the eye,
like a box of submarine soul,
an aerial room of a gaze.

And I am there, I know,
but I don't have a body
save that of this light holding me up
in its centre and in its own water.

I am this warm and feminine air,
ardent silence.

2

There is no substance in the light
the woods or house inhabit,
and in every branch it disembarks,

and in that bodiless light I inhabit
the solitude of the woods and stones.

Nothing frightens space, here,
the snow imposes its silence.

3

Bajo la nieve,
el bosque inmenso es sólo una semilla.

Vivo enterrada también
bajo el invierno,
en ésta,
la incorpórea luz que me sostiene.

Todo es vida interior en el invierno,
un soñar cálido, apenas,
una casa de vidrio que guarda la mirada.

4

Soy esta inmensa luz que me sostiene,
invisible y alta,
transparente en la noche y el invierno.

La soledad estricta me desnuda,
el salto del Amor
me hace posible,
empuje sin alas, ni corazón,
Sin cuerpo,
su aliento soy
y libertad sin anclas.

5

Soy como un pez
bajo este gélido silencio

3

Under the snow,
the immense wood is only a seed.

I, too, live buried
under the winter,
in this one,
the incorporeal light that upholds me.

Everything is interior life in winter,
a warm dreaming, hardly,
a house of glass that guards the gaze.

4

I am this immense light that upholds me,
invisible and high,
transparent in the night and winter.

Strict solitude strips me,
the leap of Love
makes me possible,
a wingless spirit, with no heart
or body,
I am its breath
and anchorless freedom.

5

I am like a fish
beneath this icy silence

sólo un ojo bajo el cristal,
memorioso y ágil y hondo.

Toda el agua es pez,
pulsante y viva,
y esta agua tenaz
y ágil soy bajo la nieve,
y golpeo contra el gran vidrio
y miro
y en mí misma me sumerjo y danzo.

6

Quiero una habitación en las ramas;
mil escaleras, el bosque,
              sólo escaleras,
hondas escalas
de ingrávido enrejado.
Serena en sí la habitación
entre las aguas de sombras,
entre las danzas de hojas,
entre el viento atrapado
y casi verde y ya canto,
entre el viento ya corpóreo
y danza de hojas.
Tintinear de los verdes: el dragón fresco.

7

Vivo adentro de un cristal,
congelada luz pétrea
luz insistiendo en sí,

only an eye under the crystal glass,
a memorizer, agile and deep.

All the water is fish,
throbbing and alive,
and this persistent
and agile water I am under the snow,
and I beat against the great glass
and I look
and in myself I submerge and dance.

6

I want a room in the branches;
a thousand stairways, the woods,
                          only stairways,
deep ladders
of weightless railings.
The room tranquil in itself
amid the waters of shadows,
amid the dances of leaves,
amid the wind trapped
and almost green and now song,
amid the wind now corporeal
and a dance of leaves.
Tinkling of greens: the fresh dragon.

7

I live inside a crystal glass,
a frozen stony light
a light insisting on itself,

en un lugar para estar,
para quedarse,
erigir su propio monumento,
la fiesta de un muro sin su piedra,
celebración ahíta de lo diáfano.

8

Arca del bosque: el cristal.
El árbol, la noche, el alba
acuden puntuales a su cita.

Enraizo espacio, soy cristal,
y mudo aire en mí
               se deposita.

Soy una mano del aire quizás,
un ojo que encarna apasionado lo que mira
lo levanta y realza,
lo edifica.

Lingote del bosque,
        este cristal,
pilar de lo precioso,
        estanque alerta, aquí,
         como una estrella
mas del revés, muy quieta,
que brilla pero no ella, no,
que brilla el bosque hacia ella.

on a place to be,
to stay,
to raise its own monument,
the festival of a wall without its stone,
a sated celebration of the diaphanous.

8

Chest of the woods: the crystal glass.
The tree, the night, the dawn
come punctually to their rendezvous.

I root space, I am crystal glass,
and mute air is deposited
                              in me.

I am a hand of air maybe,
an eye that passionately embodies what it looks at
what it raises and enhances,
what it builds.

Ingot of the woods,
          this crystal glass,
pillar of the precious,
          alert pond, here,
          like a star
yet backwards, very peaceful,
that shines but not it, no,
that the woods shine towards it.

9

Le nació un alma al cristal,
es un querer, el alma,
un querer ser luz y el aire,
ese verde hondo, el cielo—
más que ser sólo un cuerpo transparente.

Vaso compacto, este cristal,
piedra de aire
y espacio asimilado.
Y esta luz piedra soy
y aire y agua
con todos los músculos del cuarzo.

¿Por qué rendija entra, no sé,
la visita del alma?

10

¿Es mía el alma?
No, no es mía el alma.
Le abro la puerta y surge
como una flor
del espacio y todo lo que es vasto,
una flor carne al centro
y que es en los bordes inasible espacio.

Una flor que ya soy
también de horizontes
y relevos de alas.
Un pronombre con cuerpo
en verbo inacabado.

9

The crystal glass grew a soul,
it is a desire, the soul,
a desire to be light and air,
that deep green, the sky—
more than to be only a transparent body.

A compact glass, this crystal,
stone of air
and absorbed space.
And I am this stony light
and air and water
with all the muscles of quartz.

Through what crevice, I wonder,
does the visit of the soul enter?

10

Is the soul mine?
No, the soul is not mine.
I open the door to it and it sprouts
like a flower
of space and all which is vast,
a flower flesh at the centre
and ungraspable space at the edges.

A flower that I now am
also of horizons
and relays of wings.
A pronoun with a body
in an unfinished verb.

11

Aire carnal es mi mirada.
A lo que miro
doy cuerpo en la mirada.
Esta luz que sostengo como un mar
entre los cauces de cosas
es mi cuerpo de luz en el espacio,
y ondula y avanza
y se retrae o suelta,
y es ya horizonte que corre
o agua quieta, ya, abrazada y mansa.

12

Pero no es luz el alma, no,
sin ojo y sin cuerpo es una mirada,
es luz que mira
y sin luz mira;
antes de un cuerpo o de la luz:
estar de luz.

11

My gaze is carnal air.
To what I look at
I give body in my gaze.
This light I sustain like a sea
amid the riverbeds of things
is my body of light in space,
and it ripples and advances
and retreats or releases,
and is now a horizon that races
or tranquil water, now, embraced and docile.

12

But the soul is not light, no,
eyeless and bodiless it is a gaze,
it is light that looks
and it looks without light;
before a body or light:
to be in light.

Poemas azules

I

Brochazos de olas, cielos breves,
rosa es el mar que se deshoja.
Lleva memoria, el agua:
tallo total
y flor que se desborda.

Puños de espuma, el mar,
golpea el acantilado.
Furia es la fuerza en nacimiento,
el fuego de la tempestad sin fuego,
el alma prófuga del viento.

Furia es: lo que de mí desconozco.

Quiero el mar en la piel,
y esa caricia que es todo el océano,
en los ojos azul...
inabarcable.

II

Alas abre, alas cierra
el mar sobre la playa.
Se vuela con la inmensidad,
junto con todo el espacio.

Alerta sutilísima del vuelo:
el aire, no sólo lugar,
sino toda la música.

Blue Poems

I

Brushstrokes of waves, brief heavens,
the sea's an unleafing rose.
Water bears off a memory—
a whole stem
and an overflowing flower.

Fists of froth, the sea,
breaking on the cliff.
Rage is power at birth,
the fire of the fireless storm,
the fugitive soul of the wind.

Rage is: what I don't know of myself.

I want the sea on my skin,
and that caress which is the whole ocean,
in my eyes endless . . .
blue.

II

The sea on the beach
unfolds wings, closes wings.
One flies alongside immensity,
with the whole of space.

Very subtle alarm of flight:
the air, not just a place,
but the whole of music.

Lleva distancia el azul
inmersa en transparencia:

color abierto,
sin muros y sin techos.
Desnudada existencia al descampado.

Un todo ya me envuelve,
en libertad,
sin esperanza de respuesta.

III

Hacia lo ilimitado
lanzarse en movimiento.
Danzar es vuelo.
Sostenerse en la fuerza solamente.

Total apuesta,
ser en el gesto enteros
al igual que un fruto...   ser
desde los manantiales plenamente.

Amar lo leve,
valor que es ala,
un corazón que es todo pájaro.

¡Que nos toque la gracia con su fuego!
¿Saber la muerte? ¡Qué importa,
hay que vivir en vuelo!

The blue has a lead
immersed in transparency—

an open colour,
without walls or roof.
Stripped existence in the open.

Now a wholeness envelops me,
in freedom,
with no hope for an answer.

III

Towards the unlimited
to throw oneself moving.
Dancing is a flight.
Just to hold oneself in strength.

Total bet,
to be complete in our gestures
like a fruit is . . .   to be
fully from the water-springs.

Loving the slight,
a braveness which is wing,
a heart which is a bird in full.

May we be touched by grace with its fire!
Learning of death? Who cares!
We should live in flight!

IV

Las nubes nos retuercen
sutiles pensamientos,
el color del crepúsculo
                recuerda.

¿Qué despierta el ensueño?
Algo como un azar nos teje.
La playa es mil espejos,
y las piedras nos miran
y saben de nosotros.

En esta arena concurrimos, mar
que somos de mil cosas.

El sabor de la paz
es el del alma.

V

La noche es color de fondos,
prisiones de lo espeso,
caída de párpados en plomo.

Como una libertad es la luz,
un despertar,
de cada cosa
a otras cosas.
Mil ojos, el día,
que lo constatan.

Lo negro es puño
y junta las estrellas.

IV

The clouds twist
subtle thoughts in us,
the colour of dusk
      remembers.

What makes daydreaming awaken?
Something like chance weaves us.
The beach is a thousand mirrors,
and the stones look at us
and know about us.

In this sand we meet, as we're
a sea made of a thousand things.

The taste of peace
is the soul's.

V

The night is the colour of depths,
prisons of the thick,
a fall of leaden eyelids.

Freedom is like a light,
an awakening,
from each thing
to other things.
A thousand eyes, the day,
confirm it so.

Blackness is a fist
and it collects the stars.

                Clara
el alba salta
y suelta lo cerrado.

En espectro de azules gira el tiempo.
Círculo y corazón que atrae
y nos aleja el cielo.

VI

Inhalación y espera:
hay un mar de lo inmenso;
un sol que se irradia,
mana de sí,
salta.
Y azul profundo, tan profundo
que ancla.

Radiancia de la luz,
y hondura del silencio.
Ser por dentro:
ese brillo incrustado,
tan intangible y vivo.

VII

Inasible continuidad, el cielo:
cadena unánime.

También por dentro un cielo,
por el que vuelan pensamientos.

      Clear
dawn jumps
and it unleashes the closed.

Time turns in a spectrum of blues.
A circle and heart that draws
and moves the heavens away from us.

VI

Inhalation and wait:
there's a sea of immensity;
a sun radiating from itself,
flowing from itself,
jumping.
And a deep blue, so deep
that it anchors.

Radiation of light,
and depth of silence.
Being on the inside:
that inlaid sparkle,
so alive and intangible.

VII

Ungraspable continuity, the sky:
an unanimous chain.

Also a sky on the inside,
through which thoughts fly.

Tierra somos
que la respiración levanta
el viento arrastra...
      y alma,
enlazadura íntima en lo inmenso.

VIII

Como inhalando un aire
          los recuerdos.
Mar que llega y se va,
y llega y se va.

El corazón persiste,
clavado en tierra:
fidelidad del fuego.

IX

Aquí hay hilos de palabras,
aquí, inarticuladas hojarascas,
acorde del azar en lo invisible,
oracular acaso, rumoroso acuerdo.

El alma es raíz en lo que escucha,
         ojo del humo,
             naufragio que descifra.

We are earth
which breathing raises,
the wind sweeps away . . .
                and a soul,
an intimate link within the immense.

VIII

As if inhaling some air
                memories.
A sea that comes and goes,
and comes and goes.

The heart persists,
plunged into the earth:
fidelity of fire.

IX

There are threads of words here,
inarticulate waffle, here,
a chord of chance in the invisible,
an oracle maybe, a murmuring agreement.

The soul is a source for what listens,
           an eye for smoke,
              a dashing that solves.

www.ingramcontent.com/pod-product-compliance
Lightning Source LLC
Chambersburg PA
CBHW031155160426
43193CB00008B/371